大展好書　好書大展
品嘗好書　冠群可期

大展好書　好書大展

品嘗好書　冠群可期

武式太極拳 2

武式太極拳老架

翟維傳　著

大展出版社有限公司

武式太極拳創始人
武禹襄　祖師
（1812～1880）

第二代宗師　李亦畬

（1832～1892）

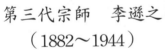

第三代宗師　李遜之

（1882～1944）

第四代恩師　魏佩林

（1912～1961）

第四代恩師　姚繼祖

（1917～1998）

作者　翟維傳

李遜之宗師和諸弟子合影於永年

後排左起：姚繼祖　魏佩林　趙允元　劉夢筆

中排左起：趙駿臣　李遜之　前　排：李池蔭

姚继祖赠

雒传贤契惠存

继祖时年八十岁

1996.元月

1984年武漢國際太極拳・劍表演觀摩會上，市領導接見各派名家　市領導等二人

前排右起：陳湘陵　郝家俊　傅鍾文　顧留馨　吳圖南　傳聲遠

沙國政　孫劍雲　楊振鐸　陳小旺　莊漢生

後　排：右八姚繼祖　右九崔維傳

1986年春節翟維傳（左三）與邢台同門拳友
為姚繼祖老師及師母祝賀新春並合影留念

1982年中秋姚繼祖老師與首批拜師弟子合影留念
左起：鍾振山　翟維傳　姚繼祖恩師　金竟成　胡鳳鳴

　　在第三屆中國‧焦作國際太極拳交流大賽期間翟維傳先生
受到國家體育總局武術運動管理中心主任、國際武術聯合會秘
書長、中國武術協會主席王筱麟先生的親切接見並合影留念

邯鄲市武式太極拳學會成立

主席台左起：翟金泉（中國永年國際太極拳聯誼會秘書長），李文會（市伍協秘書長），亢存生（市體育局副局長），翟維傳會長，張建華（市武協主席），李建真（市太極拳委員會主任）

永年縣維傳武式太極拳研究會刑台分會會員合影

翟維傳大師在馬來西亞講學期間接受《星洲日報》專訪

翟維傳大師在馬來西亞傳授武式太極拳

2004年4月7日，河北省永年縣太極拳協會成立，翟維傳先生當選為協會副主席，會後與市縣領導及會員代表合影。

中國武式太極拳第五代傳人翟維傳大師
與溫州市弟子學員合影

翟維傳大師在江門市辦班授拳

翟維傳先生在四川省成都市傳授武式太極拳

翟維傳先生在遼寧省大連市傳授武式太極拳

作者簡介

　　翟維傳先生，是武式太極拳第五代傳人，太極拳大師，1942年出生於太極拳中興發祥地——河北省永年縣廣府鎮。

　　翟先生為當代武式太極拳代表人物之一，現任邯鄲市武術協會榮譽主席，邯鄲市武式太極拳學會會長，永年縣太極拳協會副主席，永年縣維傳武式太極拳研究會長等職。

　　翟先生自幼學拳，先後拜武式太極拳第四代傳人魏佩林、姚繼祖二位宗師門下，盡得二位宗師真傳，五十年研究不輟，拳架、器械渾厚工整，尤善打手，著作頗豐，授徒甚眾。

　　翟先生參加了國家對《武式太極拳競賽套路》的編排工作，先後出版了《武式太極拳系列教學光碟》一套（十一碟）和《武式太極拳術》等書。

前　言

　　武式太极拳是中華民族寶貴的文化遺產,它源遠流長,博大精深,在現代文明高度發展並迅速傳播的今天,太极拳仍以其武術、醫學、健身、美學等方面的獨特魅力為世人所矚目,所吸引。太极拳的中興發源地——河北省永年縣廣府古城,座落於碧波蕩漾、綠葦環繞的萬畝窪淀之中。在這片土地上,處處都散發著濃厚的太極文化氣息。武式、楊武太极拳都是從這裡興起的,後有的孫武、吳武太极拳也是從這兩大支派派生的,所以廣府古城有「太極聖地」之稱。

　　武式太极拳創始人為廣府城內秀才武禹襄,他得傳於河南溫縣趙堡鎮陳清萍。武式太极拳之所以倍受太極拳界的推崇,也正是由於武禹襄及其傳人李亦畬二位宗師結合技擊實踐,把太極拳理論推到了一個難於企及的高峰。他們二人的著作與王宗岳的《太极拳論》被現代各派太极拳奉為經典。

筆者也是生於廣府，長於廣府，自幼受家鄉太極之風薰陶，12歲開始習練武式太極拳，先後拜在武式太極拳第四代傳人魏佩林、姚繼祖二位宗師門下。由於自己勤學苦練，善思好悟，很受師父器重，盡得二位恩師真傳，又經十數年苦心研磨，由心知而得身知，摸索出了許多心得體會，並在國家級武術刊物上發表了很多太極拳方面的論著。今應山西科學技術出版社之邀，編纂一套《傳統武式太極拳叢書》，來彌補武式太極拳所出書籍不詳、不全、不符等問題。該套叢書共由10個分冊組成，分別是：《武式太極拳37式》、《武式太極拳老架》、《武式太極拳小架》、《武式太極拳競賽套路》、《武式太極拳樁功》、《武式太極十三連環劍》、《武式太極刀》、《武式太極杆》、《武式太極拳拳解與論述》和《武式太極拳推手》等。書中附錄有王宗岳太極拳論，武式太極拳歷代名人傳略，武式太極拳歷代經典拳論，回憶姚繼祖先生文章，武式太極拳傳承表和筆者履歷等內容。

武式太極拳老架，由108個式法組成，從中架開始教學，其架式緊湊，立身中正，動作舒緩，虛實清楚，開合有致，剛柔相濟，陰陽相輔，靠內氣潛轉來支配外形，內固精神，外示安逸，左右手各管半個身體，分工嚴格，互

不逾越，出手高不過眼，遠不過腳尖……

　　《武式太極拳老架》一書中的拳照是筆者2004年在湖北弟子馬則中家鄉由其友張和平先生拍攝。文字的整理、校對由弟子世宗、代金選等人協助完成，在此一併表示謝意。由於本人水準有限，書中難免有錯誤和紕漏，望拳友同道不吝賜教。

　　　　　　　　　　　　　　　　翟維傳

目 錄

一、武式太極拳簡介

　　武式太極拳起源於清朝道光年間，為武禹襄祖師所創，至今大約有 160 多年的歷史了。

　　武禹襄，名河清，字禹襄，河北永年廣府城內東街人，他生於嘉慶年間（1812 年 2 月），卒於光緒六年十一月（1880 年），清秀才，雖出身於書香門弟，豪富之家，但他不思利祿，在家除教書外，自身習練武術，武禹襄與楊露禪是同代人，起初二人同習長拳，後在西街太和堂藥店見太極拳技輕靈高妙，能以柔克剛，四兩撥千斤，遂初學太極拳。

　　道光二十年（西元 1820 年），楊露禪三下陳家溝求師，學習太極拳技藝歸來後，禹襄見而好之，很想去學，但因事務纏身，不能同行。

　　直到 1852 年，為了深入研究探索太極拳之奧妙，武禹襄決定親自赴河南陳家溝向陳長興求教，路過河南懷慶府趙堡鎮時，得知陳長興已年老多病，不能收徒傳藝，素聞趙堡鎮陳清平拳藝甚精，便拜陳清平為師，習趙堡新架太極拳，於是他邊學邊練，並將所授拳理、拳訣一一作了劄記。

因武禹襄哥哥在河南舞陽縣任知縣，禹襄在趙堡期間，還幫助陳清平了結了一樁特大難平的案子，陳為報禹襄搭救之恩，便將自己所習拳技精髓、奧旨秘訣，傾囊傳授於武禹襄。武禹襄亦加倍努力，日夜研習，深得太極拳的理論奧妙，復將其兄在舞陽縣鹽店覓得的王宗岳《太極拳論》和一幅不知作者姓名的《太極拳概要圖》、《拳論》一併抄繪攜回。

回永年後，禹襄與其外甥李亦畬共同研究，專心致志20餘年，成效卓著，並以其獨特的風格和精巧技法譽滿武林，並頗有發悟而獨創一派嚴格遵循太極之理與法則的武式太極拳，還結合實踐心得著有《十三勢行功要解》、《太極拳解》、《太極拳論要解》、《十三勢說略》、《四字秘訣》、《打手撒放》、《身法八要》等著名拳論，開太極拳詳理之先河，至今被拳界奉為經典著作，把武禹襄先生尊為武式太極拳第一代祖師。

武式太極拳第二代宗師李經綸，字亦畬，外號李大先生，生於 1832 年，卒於 1892 年，永年廣府西街人，清末舉人，於 1852 年始從其舅武禹襄學習太極拳，勤於默識揣摩，反覆驗證。

李亦畬精於技擊，拳理並藏，一生放棄仕途，苦研拳功，勤於筆耕，繼承和完善了其舅武禹襄的拳架和拳論，著有《太極拳小序》、《五字訣》、《撒放秘訣》、《擎引鬆放七言四句》、《走架打手行功要言》、《打手歌》，《論虛實開合》等，並繪「左右虛實圖」二幅。

　　他還將王宗岳、武禹襄及本人論著編輯成《廉讓堂太極拳譜》手抄三本，一本交胞弟李啟軒，一本交愛徒郝和，一本自存，這就是聞名於世的「老三本」，被太極拳界奉為經典拳譜，他對太極拳理論的發展所做出的貢獻是至今任何人都不能比擬的。

　　武式太極拳由於其理論精深，身法嚴謹，神形兼備，內涵豐富，體用兩全，既鍛鍊體質，又能陶冶情操，既能防病祛病，又能技擊防身，所以深受廣大太極拳愛好者的喜愛。太極陰陽，周流不息，武式傳人，代有人長。筆者相信，武式太極拳這個武林瑰寶會很快傳遍大地，造福於人類。

二、武式太極拳的源流、發展及演變

　　武式太極拳是永年廣府東街人武禹襄所創，他得傳於河南溫縣趙堡鎮陳清平。

　　關於武禹襄學習太極拳的經歷，永年廣府西街李亦畬於清代光緒辛巳年（西元 1881 年）寫《廉讓堂太極拳譜》時，在其中《五字訣》前面的序文裡這樣說：

　　「太極拳不知始自何人，其精微巧妙，王宗岳論詳且盡矣。後傳到河南陳家溝陳姓，神而明者代不數人，我郡楊某愛而往學焉。專心致志十有餘年，備極精巧。旋里後，市諸同好，母舅武禹襄見而好之，常與比較，伊不肯輕以授人，僅得大概。素聞懷慶府趙堡鎮有陳姓名清平者，精於是技，逾年，母舅因公赴豫，過而訪焉，研究月餘而精妙始得，神乎技矣。」

　　根據上述與記載，可以說明武式太極拳是由河南趙堡鎮陳清平所教拳架演變而來，武式太極拳所傳的架子是經武禹襄傳二代李亦畬，後傳三代郝為真、李遜之等的拳架，可謂武式老架。它是嚴格按照太極拳運動的規律，處處遵循其理法原理而形成的一派太極拳，它具有完整豐富又邃密細膩的理法。其主要特點是「以求太極（內形）為

主，走內勁，以意行氣，練精、氣、神三者合一」。它的技藝特點是「因敵變化，借力打人」，用意氣的變換來支配外形的運動，強調走內勁而不露外形，其變換而使人莫測，追求人不知我，我獨知人，達到人為我制，而我不為人制的神奇境界，這也就是武式太極拳能成為五大流派之一的重要原因。

本書所寫武式拳架是古城廣府所流傳下來的武式正統拳架。其架式不同於郝式，又不同於孫式，是第三代宗師李遜之傳下來的。作者恩師魏佩林和姚繼祖都是李遜之高徒，為武式太極拳第四代傳人，二師在拳藝上造詣很深，授徒甚多，遍及全國各地及海外，恩師為武式太極拳的弘揚與推廣傾注了畢生的精力和心血，在此表示深深的緬懷和崇高的敬意。

武式太極拳小架是沒有對外傳授的一種功夫架，是在李池蔭師叔（三代宗師李遜之之子）和姚繼祖老師的傳授和指導下，本人經過多年的體會與實踐整理而成的有一定太極拳基礎方可練習的功夫架，是提高技擊功夫、研究太極之真諦必須練習之套路，主體以內動為主，架式更加緊湊、細膩。

三代宗師郝為真在清末民初任直隸廣平府中學堂和縣立小學堂武式教授時，為了便於教學，將每一式均用「起、承、開、合」四個要領貫穿始終，所有的動作都是按起、承、開、合的節序來編排的，後人們稱之為「郝式開合太極拳」。至郝月如南下教拳與郝少如寫《武式太極

拳譜》時，都又有繼承和發展。郝家知名弟子眾多，如韓
欽賢、李寶玉、李聖端、王彭年、王其和等。郝家各代為
推廣和弘揚武式太極拳做出了傑出的貢獻。

　　郝為真傳四代孫祿堂，孫祿堂又在郝式開合架子的基
礎上，把太極、形意、八卦融為一體，經過改進形成現在
流行的孫式太極拳，並成為太極拳五大流派之一，在國內
外流傳甚廣。傳人兒子孫存周，女兒孫劍雲等，都在用畢
生精力致力於孫式太極拳的傳播與推廣工作。

　　武式太極拳在清河及東北瀋陽的傳播大體是這樣的：
據清河縣武術協會提供，清河人葛福來、葛順成於 1883
年到廣府城從師李亦畬、李啟軒學武式太極拳，其間又有
大師兄郝為真的幫助，回家後幾經磨練，功達上乘。二人
所傳弟子甚多，知名弟子有郭景林、顧印珂、霍夢魁、楊
一喬、潘尚義等。葛順成在家鄉授徒時，閻志高到廣府拜
郝為真門下學藝。在眾多知名弟子中，在全國影響最大的
當屬被瀋陽武術界稱為「清河三傑」的顧印珂、霍夢魁和
閻志高。從 1926 年到 1963 年三位先生在瀋陽辛勤授拳
30 餘年。他們的弟子遍佈全國各地，為弘揚武式太極拳
做出了一定的貢獻。

　　《武式太極拳競賽套路》是在中國武術協會的關懷
下，於 1995 年編排的。因武式太極拳發源於永年，所以
邀永年派代表參加，由姚老師指派本人及師弟前去北京參
加競賽套路的編排和審定工作。這樣使太極拳五大流派都
有了自己的競賽套路。該套路以永年傳統武式太極拳為根

據，架勢適度放大，增加了競賽所需的難度動作。此套路已在全國推廣和使用。

　　為貫徹落實國家體育總局宣導的全民健身計畫，本人在傳統老架的基礎上，本著由繁到簡、由難到易的原則，創編了一套注重於健身的傳統武式太極拳 37 式，以適應全民健身運動的需要。

　　為了進一步弘揚太極文化，促進國內國際間太極拳的交流與發展，由邯鄲市政府與永年縣政府聯合，從 1991 年開始，已成功地舉辦了 9 屆河北永年國際太極拳聯誼會，有 20 多個國家和地區參加，發展了很多外地成員組織，為太極拳的普及起到了推動作用。

　　由永年縣廣府太極拳協會牽頭組織的永年廣府太極拳年會已成功舉辦了兩屆（2004 年、2005 年），推出了廣府人公認的太極拳界的「廣府七傑」，基本代表了現在廣府楊、武式太極拳的最高水準，吸引了全國各地及海外眾多太極拳愛好者來廣府拜師、切磋拳藝，每年一屆的永年廣府太極拳年會本著「引進來，走出去」的辦會宗旨，為宣傳廣府太極文化，發展廣府太極事業，起到了一定的推動作用。

　　讓世界瞭解廣府，讓廣府走向世界，願這一民間組織的太極聖會越辦越好。

三、武式太極拳的特點

　　武式太極拳在練功方面和重點要求上與其他太極拳有不同之處，其特點歸納起來大致有六個方面：

1. 架勢緊湊

　　現時太極拳的傳播大體可分為三種架子，即大架子、中架子、小架子。一般練習太極拳者大多講究先求開展，後求緊湊，由大架子即開展的架子，亦即走大圈的架子練起，再練中架子，到小架子，也正如拳論中所講的「由大圈收練到小圈，由小圈練到沒圈」。

　　而武式太極拳起初是從中架練起，因中架在拳理要求上易於相配，動作要求緩慢、柔活、緊湊，連綿不斷，又能與開中寓合，合中寓開相融合。

　　武式太極拳整套架子動作精煉，樸實無華，被人形容為幹枝老梅。由於在練功中不用絲毫拙力，所以架勢緊湊，身體內外結合緊密，始終保持內外三合之要求，無論在練功中，還是在交手中，使轉換、運化更加靈活快捷，有利於上下相隨，內外相合。

2.實腿轉身

其他太極拳大部分轉身動作是在移動重心的過程中得以完成虛腿轉身，而武式太極拳是在虛實分明的情況下的實腿轉動，是以腳根為軸心來實現身體轉變方向的。這樣可在實腿轉身的同時保持立身中正、八面支撐，因而加大了運動量，使身法變化快捷、靈敏。

武式太極拳強調「兩條腿如一條腿」，不論重心如何轉換，始終實腿腳根轉動，這樣有利於保持身法，很快使勁從腳根起。由於實腿腳根旋轉，架子走過之後，留下一串清晰的圓形腳印，所以被人們喻為落地梅花。

3.蓄發內涵

武式太極拳整個架勢要求如行雲流水，連綿不斷，如長江大海，滔滔不絕，蓄勁和發勁涵於內而不顯於外，這樣有利於做到「氣以直養而無害，勁以曲蓄而有餘」，其最終目的是斂氣入骨，如氣勢散漫，則身必散亂，蓄發都不自主，只有斂氣入骨，才能開合自如，黏即是走，走即是黏，達到「蓋吸則自然提得起，亦拿得人起，呼則自然沉得下，亦放得人出」的境界。

此是以意運氣，非以力使氣也。

4.勁路制人

武式太極拳打手訓練中，既不講究硬撇硬拿，也不提

倡以招擊身，而提倡以勁路制人，就是在不丟不頂沾連黏隨中實現我順人被，用勁路制住對方，使其進退不能，身處落空狀態，這就是太極聽勁懂勁之功夫。

聽勁是聽對方之勁，感覺對方的勁頭、勁源以及勁的變化情況；懂勁是自身的身法安排，根據對方之勁變化而變化。一旦對方勁源受制，身體必然旋轉不靈，喪失進攻能力，甚至會因失去平衡而跌出。只有透過推手，互相學習，反覆運用，才能提高技藝，掌握太極之真諦。

5. 注重身法

太極拳首先應注重身法，身法做對可以登堂人室，身法不對徒勞無功，重則可導致對健康不利，所以武式太極拳非常注重身法，做對身法才可達到以意領氣，以氣運身，由內動帶動外形，勢勢做到中正安舒，支撐八面，兩手各管半胸，互不逾越，才可達到一身備五弓，勁從腳根起，蓄勁如張弓，發勁似放箭的境地。

但是，做對身法不是一件容易之事，要自己勤學苦練，仔細揣摩，還要有名師指點，言傳身教，只有循序漸進，才能窺見門徑，入門既不難，深造也是辦得到的。

6. 強身健體

武式太極拳對健身養生、防病袪病有獨到之處，因其動作柔和緩慢，圓活連貫，鬆靜自然，在一動無有不動，一靜無有不靜的要求下，全身各部位都可相應地得到鍛

鍊，對於神經系統和身體各器官系統的生理功能都有較好的調節和改進作用。

　　它有助於心臟、血管和淋巴系統的健康，因在運動時又與呼吸開合相配合，有益於內外結合，疏通經絡，調活氣血，使周身骨節、肌肉群與五臟六腑得到按摩和鍛鍊，這種內外協調而統一的運動，是太極拳能夠祛病、延年、強身、保健的根本原因。

四、武式太極拳的手型、步型與身法

（一）手　型

1. 掌：

武式太極拳掌的形狀是「荷葉掌」如圖1所示，要求五指自然分開，不可用力，具體的校準以前額為準，手掌放在前額上，慢慢離開，即為手的掌型。動作要與開合相配合。

「開」是以小指向外旋，手腕隨小指外旋，要求做到坐腕，意念要行於五指，經過長期演練手心會產生漲熱感。

「合」是以小指向內旋，手腕隨小指內旋，手掌要有內合之意，手心有意氣內收之感。

在套路中的掌法有：推掌（圖2），擺掌（圖3），撩掌（圖4），劈掌（圖5），切掌（圖6），托掌（圖7），按掌（圖8）等。

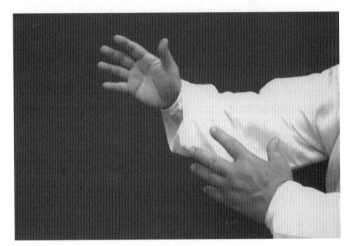

圖1

圖2

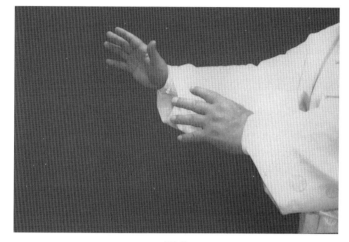

圖3

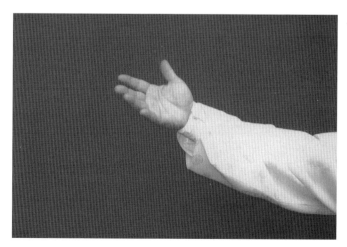

圖4

圖5

圖6

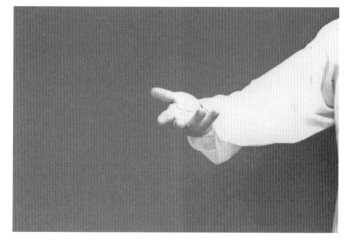

圖7

圖8

2.拳：

武式太極拳的握拳形式，是以四指併攏蜷曲，指尖貼於掌心，母指捲曲於食指與中指上節成拳形，不宜握得過緊，避免手臂僵滯。

拳在套路中的勢法有：搬攔捶、肘底捶、指襠捶、雙抱捶、彎弓射虎、踐步栽捶等。

（二）步　型

武式太極拳的步型主要有虛步、實步、跟步、弓步、跌步、踐步、仆步、獨立步等。

1.虛　步：

虛步有前虛步與後虛步。身體重心坐於一條腿上，沒有承擔身體重量的一條腿為虛腿，亦稱虛步。在實腿前為前虛步（如圖9），在實腿後為後虛步。虛非全然無力，氣勢要有騰挪。

2.實　步：

承擔身體重量之腿為實腿，亦稱實步，要求實腿不要占煞，精神要貫注（如圖10）。

3.跟　步：

重心前移，後足提起向前虛點至前足後方，為跟步（如圖11）。

圖9

圖10

4.弓　步：

前腿屈膝前弓，膝蓋不得超過足尖，後腿不得繃直，膝關節要有沉屈之意，要求兩足的方向為不丁不八（如圖12）。

圖11

圖12

5.跌　步：

一腿下落，另一腿上跳，下落之足落在上跳之足處，上跳之足向後撤步，此為跌步（圖13、圖14）。

圖13

圖14

圖15

圖16

6.踐　步：

前腿向前邁步，後腿前跟步落於前足之處，前足向前躍進，此為踐步（圖15、圖16）。

7.仆　步：

一腿屈膝下蹲，另一腿伸直，足尖內扣，不可上翹，身體略有前俯，此為仆步（如圖17）。

8. 獨立步：

實腿微曲站立，虛腿提起，要求胯與膝平，此為獨立步（如圖18）。

圖17

圖18

（三）身法

武式太極拳身法是習拳者必須首先理解和應該做到的，沒有正確的身法是無法練好太極拳的。

武式太極拳身法要求有含胸，拔背、提頂、吊襠、鬆肩、沉肘、裹襠、護肫、騰挪、閃戰、尾閭正中、氣沉丹田、虛實分清等十三條，下面分別述之。

1.含　胸：

兩臂關節鬆開，胸不可挺，兩肩微向前合，胸有內含之意，但不可前俯。

2.拔　背：

兩肩關節要靈活，背骨似有上漲、鼓起之意，不可低頭。

3.提　頂：

精神集中，意向上虛領頂勁，自然地提領全身，頭不可低，身不可前俯後仰。

4.吊　襠：

兩腿虛實分清，襠如吊空一樣，臀部有前送之意，小腹有上翻之意。

5.鬆　肩：

兩肩要自然鬆開，不可上縱，不可用力，兩肩要自然下垂。

6.沉　肘：

兩肘尖要自然下沉，使肩、肘、手腕都能靈活運動。

7. 裹　襠：

兩腿分清虛實，兩膝有內向之意。

8. 護　肫：

兩手各護半胸，兩脅有微微內收之意，使胸中感覺鬆快。

9. 騰　挪：

虛實變化自如，進退能隨機應變，有動之意而未動，即預動之勢。

10. 閃　戰：

動作一氣貫通，身體旋轉靈活，發勁迅猛，所向無敵。

11. 尾閭正中：

頭向上虛領頂勁，尾閭骨向前托起丹田，身不前俯後仰，左偏右倚，百會穴和會陰穴上下自然垂直。

12. 氣沉丹田：

能做到以上之身法，就能以意行氣，氣能順通自然地注入丹田，使底盤穩固。

13. 虛實分清：

兩腿虛實必須分清，虛不是完全無力，實不是完全站煞，精氣神要貫注於實腿，有上領之意，身法不可散亂。

此十三條身法相輔相成，互相影響，互相滲透，對於習練太極拳至關重要。

做到了尾閭正中，便能夠「立如秤準，活似車輪」，全身輕鬆自如，才能支撐八面。所以在練太極拳時脊要豎

起來，有了穩定的軸心，才能坐胯轉腰，才能靈活地變化，才能靈活地運用。鬆肩沉肘，兩肩自然下垂，使肩、肘和手腕都能靈活運動，兩臂關節鬆開，胸有內含之意，兩膝內向，有護襠之意，兩手各護半胸，有護肫之意，這就做到了含胸、拔背、裹襠、護肫。

　　能做到尾閭正中，鬆肩、沉肘，百會穴和會陰穴上下自然垂直，意能向上虛領頂勁，自然地提領全身，也就能立身正中，也就有了穩定的重心，重心在四肢的配合下，在不斷變化的運動中，完成了每一個太極拳的動作，同時氣能順通地自然地注入丹田而下達於兩腳，兩腳能著地生根，使底盤穩固。每一動作，虛實應分清，不可雙重，如虛實分不清，動作就不能一氣貫通，必致散亂。身法正確，身體就能旋轉靈活，八面支撐得力，也就能做到騰挪閃戰，而達到得機得勢的目的。

　　在注重十三條身法的同時應注重身體的外三合和內三合。外三合指手與腳合、肘與膝合、肩與胯合。內三合指神與意合，意與氣合，氣與力合。內三合指看不見的東西，只有久練，功夫到了一定的程度才能體會到。

五、太極拳對人體健康之功效

太極拳術博大精深，其養生健身的價值，技擊護身的功能及深奧的經典拳論，在中國武術寶庫中獨樹一幟。由於太極拳的內涵與人體生命之道是統一的，所以透過太極拳的修煉能夠醫身、健身，提高人的生存壽命，使其功效在人體中得以顯現出來。

太極拳由於其技術與健身的作用，深受世界各國人民所喜愛，我國全民健身運動的開展，使其發展得更快。

人們喜愛太極拳，來源於關愛生命之健康。當今時代，科學昌明進步，經濟飛速發達，生活條件的提高，人們越來越意識到生命和健康的重要。雖說健康不能代表一切，但是沒有健康就沒有一切。現代快節奏的生活方式，繁忙的工作，事業上的競爭，給人們心理上帶來無形的壓力，造成精神緊張，心態往往失衡，而習練太極拳可使大家精神放鬆，調節身心平衡。

太極拳的健身原理，早已得到證實，它的主要特點是要求心靜，是以意念引導動作，全身放鬆柔和而不用一點拙力，上下相隨連貫均勻，動作緩慢圓活，周身協調完整，呼吸自然，內外相合，符合生理規律，是增進人類身

體健康的良藥。

眾多的資料表明，太極拳對呼吸系統、心血管系統、消化系統等，都有很好的防病治病效果。而且有利於新陳代謝，有利於肌肉、骨骼、關節活動。

練習太極拳，對呼吸系統可以增加肺泡的換氣功能，提高肺活量，保持肺組織的彈性，可以預防肋軟骨骨化。對已有肋軟骨骨化和胸廓活動已有障礙的老年人，由於太極拳的深、長、勻的呼吸和腹肌活動，可增強腸胃通氣功效，又能透過腹壓的有節律的改變，使血流量加速，增進肺泡的換氣功能，預防和治療氣喘病，對提高肺功能有特效。

練習太極拳，對心血管系統可以消除肝臟淤血，改善肝臟功能。深呼吸運動使腹肌和膈肌不斷地收縮與舒張，使腹壓不斷改變，腹壓增高時，血液則輸入右心房，腹壓減低時，血液則輸入腹腔內，這樣一呼一吸，可以改善血液循環的狀況，加強心肌營養，並可消除肝臟淤血，改善肝臟功能，可以預防心臟疾病及動脈硬化。

練習太極拳可以改善消化道的血液循環，刺激唾液分泌，促進消化作用，可以改善腸、胃機能活力。由於深呼吸使腹肌膈肌有節律地運動，對腸胃道起著機械的刺激作用，所以對改善消化道的血液循環，增強消化功能，預防便秘、內痔外痔都有很好的作用。

練習太極拳可使身體神清氣爽，情緒穩定，生理機能活躍，可促使血液循環過程及氣體代謝發生改變，故對各

種慢性疾病都有很好的醫療效果。

由於深呼吸的作用，促進了體內的新陳代謝，加速了血液循環，使肌肉豐潤、柔軟而有彈性，使骨骼堅實。

習練太極拳要求以腰為主宰，立身中正，腰背時常活動，骨組織中的骨細胞更活躍，致使骨質日益堅實。

運動時要求「一動無有不動，一靜無有不靜」，每一動可使全身各部位關節得到鍛鍊，因人體全靠各關節的連接來負擔重量和進行活動，筋肉、神經生長於骨髓之上，使其運動自如。

練習太極拳要求在動作中用意識來放鬆關節，拉長韌帶，增強其彈性和靈活性。為了增強關節的力量和耐力，訓練時都採用體鬆而意緊的方法與呼吸開合相配合，使全身節節貫穿，正所謂「周身團聚精神健」。

所以，練習太極拳是預防百病的最好運動，是增進健康長壽的靈丹妙藥，太極拳運動不分男女老幼，沒有場地大小的局限，在現代快節奏和科學發達的工業文明社會，更需要太極拳這種調節劑來滋潤人們的身心。

人人都希望身體健康，快快樂樂地生活，這就要有心平氣和的心情，樂觀奮鬥的勇氣，輕鬆活潑的身體，勇於奉獻的精神。

長期堅持太極拳的練習，可增強身體抵抗力，對社會的文明及全民健康有良好的促進作用。

六、武式太極拳老架套路圖解及要領說明

1. 本書圖解中的動作圖照，是筆者的真實拳照。每式的動作都作了分解說明，並在每式後面闡明其要領，以便於讀者能正確地理解和掌握。

2. 拳照起式是面向南方，拳式的動作朝向分東、南、西、北四正方，和東南、西南、西北、東北四斜角，如拳照有誤，要以文字說明為準。

3. 整個套路中對所有動作和姿勢的要求：在改變每式方向時要用實腿，以足跟為軸，足尖向裡轉動為「裡扣」，向外轉動為「外擺」。兩腿始終不可蹬直，要保持一定的彎曲度，弓腿時前膝不可過足尖，要做到進步必跟，退步必隨，兩腿要相吸相繫。

4. 兩手各管半個身體，不可隨便逾越，出手要求高不過眼，遠不過前足尖，兩手的外旋為「開」，內旋為「合」。要求身法、步法、手法三者有機配合與統一，強調內外一致，要以內形的變化來支配外形的運動。

　　以上所談，為武式太極拳套路圖解的重點要求，有的
在圖解說明中不再贅述。

七、武式太極拳老架
套路名稱順序

第一式　起　勢　　　　　第二式　左懶紮衣

第三式　右懶紮衣　　　　第四式　單　鞭

第五式　提手上式　　　　第六式　白鵝亮翅

第七式　左摟膝拗步　　　第八式　手揮琵琶式

第九式　左摟膝拗步　　　第十式　右摟膝拗步

第十一式　上步搬攔捶　　第十二式　如封似閉

第十三式　抱虎推山　　　第十四式　手揮琵琶式

第十五式　懶紮衣　　　　第十六式　單　鞭

第十七式　提手上式　　　第十八式　高探馬

第十九式　肘底捶　　　　第二　十式　倒攆猴一

第二十一式　倒攆猴二　　第二十二式　倒攆猴三

第二十三式　倒攆猴四　　第二十四式　手揮琵琶式

第二十五式　白鵝亮翅　　第二十六式　左摟膝拗步

第二十七式　手揮琵琶式　第二十八式　按　式

第二十九式　青龍出水　　第三　十式　三通背一

第三十一式　三通背二　　第三十二式　三通背三

第三十三式　單　鞭　　　第三十四式　雲手一

第三十五式　雲手二　　　第三十六式　雲手三

第三十七式　單　鞭	第三十八式　提手上式
第三十九式　右高探馬	第四　十式　左高探馬
第四十一式　右起腳	第四十二式　左起腳
第四十三式　轉身蹬一腳	第四十四式　踐步栽捶
第四十五式　翻身二起	第四十六式　跌步披身
第四十七式　伏虎式	第四十八式　踢一腳
第四十九式　轉身蹬腳	第五　十式　上步搬攔捶
第五十一式　如封似閉	第五十二式　抱虎推山
第五十三式　手揮琵琶式	第五十四式　斜懶紮衣
第五十五式　斜單鞭	第五十六式　野馬分鬃一
第五十七式　野馬分鬃二	第五十八式　野馬分鬃三
第五十九式　手揮琵琶式	第六　十式　懶紮衣
第六十一式　單　鞭	第六十二式　玉女穿梭一
第六十三式　玉女穿梭二	第六十四式　玉女穿梭三
第六十五式　玉女穿梭四	第六十六式　手揮琵琶式
第六十七式　懶紮衣	第六十八式　單　鞭
第六十九式　雲手一	第七　十式　雲手二
第七十一式　雲手三	第七十二式　單　鞭
第七十三式　下　勢	第七十四式　更雞獨立一
第七十五式　更雞獨立二	第七十六式　倒攆猴一
第七十七式　倒攆猴二	第七十八式　倒攆猴三
第七十九式　倒攆猴四	第八　十式　手揮琵琶式
第八十一式　白鵝亮翅	第八十二式　左摟膝拗步
第八十三式　手揮琵琶式	第八十四式　按　式

第八十五式　青龍出水　　　　第八十六式　三通背一

第八十七式　三通背二　　　　第八十八式　三通背三

第八十九式　單　鞭　　　　　第九　十式　雲手一

第九十一式　雲手二　　　　　第九十二式　雲手三

第九十三式　單　鞭　　　　　第九十四式　提手上式

第九十五式　高探馬　　　　　第九十六式　對心掌

第九十七式　十字腳　　　　　第九十八式　上步指襠捶

第九十九式　上步懶紮衣　　　第一〇〇式　單　鞭

第一〇一式　下　勢　　　　　第一〇二式　上步七星

第一〇三式　退步跨虎　　　　第一〇四式　轉腳擺蓮

第一〇五式　彎弓射虎　　　　第一〇六式　懶紮衣

第一〇七式　退步雙抱捶　　　第一〇八式　收　勢

八、武式太極拳老架套路圖解及要領

第一式　起　勢

動作一：面向正南，兩腿併攏，自然直立，兩腳直向前方，全身放鬆，兩臂自然下垂，手心向內，手指向下，兩眼向前平視，神情安舒（圖1）。

動作二：左腿抬起向左方橫步落實，兩腳直向前方與肩同寬，全身放鬆，兩眼向前平視（圖2）。

動作三：兩手和臂作內旋，兩手向前徐徐平舉，略與

圖1　　　　　　圖2

肩平，兩手心向斜上方，目視前方（圖3）。

動作四：兩手外旋，手心向下，兩肘微屈下沉，兩手徐徐下按，至兩胯前與腰平齊，手心向下，指尖朝前，同時兩腿微屈坐勢（圖4）。

【要領】兩腿站立時要做到體態自然安舒，提起精神，排除雜念，頭宜正直，頷微內收，虛領頂勁，兩肩鬆開，氣向下沉，並做到含胸、拔背、裹襠、護肫等身法。

第二式　左懶紮衣

動作一：以右足跟為軸，右足尖微向裡扣，腰微向左轉，兩腿開始分虛實，身體坐於右腿，面向東南，兩腿為右實左虛，兩臂同時向上掤起，兩手要有內含之意（圖5）。

動作二：左腿向東南方邁步，足跟著地，足趾上翹，兩腿仍為右實左虛；同時兩臂繼續向前上方掤起，左手要

圖3　　　　　　　　圖4

高不過眼，遠不過前足尖，右手提至胸前與左肘平齊，面向東南，目視前方（圖6）。

動作三：右足跟蹬地，左腿前弓，左足掌落平，身體前移；同時兩手豎掌外旋，徐徐向前推出（圖7）。

動作四：右足向前跟步，至左足右後方，以足尖點地，兩腿為左實右虛，同時兩手內合，目視前方（圖8）。

圖5

圖6

圖7

圖8

【要領】運動時兩腿要分清虛實，身體不可偏倚，兩手上掤時要有吸引對方來勢之意，還要有提領腿足的邁步之意，兩手內合時，兩肩要有抽吸之意，要以胸部指揮兩手的運動，胸臂之間要有圓活之趣，跟步時上下要協調相隨，身法保持不變。

第三式　右懶紮衣

動作一：以左足跟為軸，足尖微向裡扣，身體轉向西南，兩腿仍為左實右虛；兩手同時內含至胸前如抱球狀，面向西南方（圖9）。

動作二：右腿向西南方邁步，以足跟著地，足趾上翹；同時兩手向前上方掤起，右手高不過眼，遠不過足尖，左手至胸前與右肘平齊，目視西南方（圖10）。

圖9　　　　　　　　　圖10

圖11　　　　　　　　圖12

動作三：左足跟蹬地，右足掌落平，右腿前弓，身體前移；同時兩手豎掌外旋徐徐向前推出，目視前方（圖11）。

動作四：左足向前跟步，至右足左後方，以足尖點地；同時兩手向內合，兩腿為右實左虛，目視前方（圖12）。

【要領】與第二式左懶紮衣相同。

第四式　單　鞭

動作一：以右足跟為軸，足尖裡扣，腰向左轉，面向正南，雙手同時內合抱於胸前，兩腿仍為右實左虛（圖13）。

動作二：左足向左橫出一步，以足跟著地，足趾上

圖13

翹；同時兩手徐徐向左右分開，並與兩足上下合齊，目視左手（圖14）。

動作三：右足跟蹬地，左足掌落平，前弓左腿，腰微向左轉，面向東南；兩手繼續左右分開，左手豎掌外旋高不過眼，右手平掌外旋指尖朝前與肩相平，目視左手前方（圖15）。

【要領】轉動身體時須保持穩定，邁左步時，右腿要精神貫注，右足蹬地前先要有蓄勁之勢，身體須保持中正，同時要注重鬆肩、沉肘、含胸、拔背、氣沉丹田等身法。

圖14

圖15

第五式　提手上式

動作一：以左足跟為軸，左足尖裡扣，腰向右轉，面向正南，兩腿為左實右虛，同時兩手有內合之意（圖16）。

動作二：右足左移，提懸於左足旁，以足尖點地；同時左手從身體左側畫弧至頭上左前側，右手弧形下落至右胯前，手心向右胯處，面偏向西南，目視前方（圖17）。

【要領】左手上舉時，左肩不可隨之上聳，而要往下鬆沉，右手向下不可有丟塌之勢，注意上下協調一致，身法不可散亂。

圖16　　　　　　圖17

第六式　白鵝亮翅

動作一：右腿向西南方邁步，以足跟著地，足趾上翹，兩腿仍為左實右虛；右手從右胯前上掤至胸前，左手由右小臂內弧形下落到胸前（圖18）。

動作二：左足跟蹬地，右足掌落平，前弓右腿；同時右手從胸前外旋弧形上掤，至頭頂前上方，左手由胸前外旋，向前下方推出，目視前方（圖19）。

動作三：左足向前跟步，至右足左後方，以足尖點地，兩腿為右實左虛，兩手同時內合，目視前方（圖20）。

【要領】右手上掤時，胸前要有下沉之意，要注重鬆肩、沉肘，左手推出時，右手不可鬆懈丟塌，兩手要配合

圖18　　　　　　　圖19

密切，一氣貫穿，身體要保
持中正。

第七式
左摟膝拗步

　　動作一：以右足跟為
軸，右足尖裡扣，腰向左
轉，左足尖點地，兩腿為右
實左虛；兩手同時內合，左
手弧形向左下落，右手至右
額旁，面向正東（圖21）。

圖20

　　動作二：左腿向東北方邁步，以足跟著地，足趾上
翹，兩腿為右實左虛，面向正東（圖22）。

圖21

圖22

　　動作三：右足跟蹬地，左足掌落平，前弓左腿；左手外旋經腹前向左下方摟至左膝外側，手心向下，右手由耳旁經胸前豎掌外旋向前推出，手高不過眼，遠不過前足尖，目視前方（圖23）。

　　動作四：右足前跟至左足右後方，以足尖點地，兩腿為左實右虛，兩手要有內合之意，目視前方（圖24）。

　　【要領】轉身時要以目光領先，在左手摟按時，左手與右肩要相吸相合，有引蓄之勢，右手推出時，手掌要有沉著之意，跟步時周身要有收合之意。

圖23　　　　　　　　圖24

第八式
手揮琵琶式

動作： 右腿向後退半步坐實，左腿隨右腿後退變為左虛步，以足尖點地；同時，右手內合向後下方落至右腹前，左手向上畫弧，與肩相平，面向正東，目視前方（圖25）。

【要領】右股在右足後退踏平後，須立刻精神貫注，右股得力時，方可收左足，注意鬆腹，腰圍放寬有擴展之意。

圖25

第九式
左摟膝拗步

動作一： 左足向東方邁步，以足跟著地，足趾上翹；同時左手向左下弧形下落，右手向外上弧形上提至右側前，目視前方（圖26）。

圖26

圖27　　　　　　　　圖28

　　動作二：同第七式摟膝拗步動作三（圖 27）。

動作三：同第七式摟膝拗步動作四（圖 28）。

　　【要領】同第七式摟膝拗步。

第十式
右摟膝拗步

　　動作一：以左足跟為軸，足尖裡扣，腰向右轉，右足向東南方邁出，足跟著地，足趾上翹；同時右手由前上向右下弧形下落，左手由左下弧形上提至頭左側，面向正東，目視前方（圖29）。

圖29

動作二：左足跟蹬地，右足掌落平，前弓右腿；右手外旋繼續向右下摟至右膝外側，手心向下，左手外旋由頭左側至胸前豎掌推出，目視前方左手（圖30）。

動作三：左足向前跟步，至右足左後方點地，兩腿為右實左虛，同時兩手有內合之意（圖31）。

【要領】同第七式摟膝拗步。

圖30　　　　　　　　圖31

第十一式　上步搬攔捶

動作一：左腿向前邁步，以足跟著地，足趾上翹；同時右手至右胯旁，手心向內，左手豎掌向前攔擋，目視前方左手（圖32）。

動作二：左足掌落平，前弓左腿，腰向左轉，面向正

圖32

東；同時右手握拳外旋，向前進擊至左手上方，拳眼向上，目視前方（圖33）。

　　動作三：右足向前跟步，至左足右後方，以足尖點地，兩腿為左實右虛，兩手有內合之意（圖34）。

　　【要領】左手前伸要有提領左足邁步之意，右手擊拳時，右肘要有沉著之意，同時要注意虛實和折疊的轉換。

圖33

圖34

第十二式　如封似閉

　　動作一：右腿退半步後坐，左足收回至右足左前方，以足尖點地，兩腿為右實左虛；同時左手從右腕下穿出，兩腕內合相交，向後收至胸前，右拳變為掌，面向正東（圖35）。

　　動作二：左足向前邁步，前弓左腿；同時兩手外旋下按，向前搓推，掌心向前，手指向上，目視前方（圖36）。

　　動作三：右腿向前跟步，至左足右後方，以足尖點地，兩腿為左實右虛，兩手同時放鬆內合（圖37）。

　　【要領】退步時，身體要保持穩定，兩臂要注意沉肘，邁步前，實腿要精神貫注，邁步時有如履薄冰之意，兩手向前推時要有沉著之意，要鬆肩沉肘。

圖35　　　　　　　　圖36

圖37

第十三式
抱虎推山

動作一：右足向左後方退步，以左足跟為軸，足尖裡扣，腰向右轉；同時右手向右平於胸前，左手向右內合豎掌，面向西南方（圖38）。

動作二：以左足跟為軸，足尖裡扣，腰繼續右轉，右足向西北方邁步，以足跟著地，足趾上翹；同時右手隨身向右後畫弧收於右胯前握拳，左手隨身向前轉動，面向西北（圖39）。

圖38

圖39

圖40　　　　　　　圖41

動作三：左足跟蹬地，右足掌落平，右腿前弓；同時，右手握拳向前擴展，左手豎掌外旋向前推出，面向西北（圖40）。

動作四：左足向前跟步，至右足左後方以足尖點地；同時兩手向內合，目視前方（圖41）。

【要領】身體向後轉動時要保持穩定，兩手運動要有引化之意，全身上下要協調相隨，右手抱虎之勢要飽滿，左手前推要沉著，跟步時周身要有收合之意。

第十四式　手揮琵琶式

動作：左足後移半步坐實，腰向左轉，右足隨腰左移，落至左足右前方，以足尖點地；同時左手向後攦至胸前，右手向下按，高略與肩平，右手與前足上下相齊，面

圖42　　　　　　　　　圖43

向正西，目視前方（圖42）。

【要領】與第八式手揮琵琶式相同，惟方向不同。

第十五式　懶紮衣

動作一：右腿向前邁步，足跟著地，足趾上翹，兩腿為左實右虛；同時兩臂向前上掤起，右手高不過眼，遠不過腳，左手至胸前，面向正西（圖43）。

動作二：左足跟蹬地，右足掌落平，前弓右腿；同時兩手外旋豎掌，向前推出，目視前方（圖44）。

動作三：左足向前跟步，至右足左後方，以足尖點地，兩腿為右實左虛，同時兩手內合，目視前方（圖45）。

【要領】同第二式懶紮衣。

圖44　　　　　圖45

第十六式
單　鞭

動作、要領均與第四式單鞭相同（圖46～圖48）。

圖46

圖47　　　　　圖48

第十七式　提手上式

動作、要領均與第五式提手上式相同（圖49、圖50）。

圖49　　　　　圖50

第十八式　高探馬

動作一：右腿向前邁步，以足跟著地，足趾上翹，兩腿為左實右虛；同時右手向前上掤托至腹前，左手向內合，面向正南，目視前方（圖51）。

動作二：左足跟蹬地，右足掌落平，前弓右腿；右手平托向前與前膝齊，同時左手豎掌外旋向前推出，至前足齊，兩腿為右實左虛（圖52）。

圖51　　　　　　　圖52

動作三：左足向前跟半步，以足尖點地，兩腿為右實左虛；同時兩手有內合之意，目視正南前方（圖53）。

【要領】兩手的運動須由胸部指揮，全身上下要協調相隨，要注意折疊的要求。

圖53

第十九式
肘底捶

動作一：以右足跟為軸，足尖裡扣，腰向左轉，面向正東；同時左手內合，右手隨身轉至腰際，兩腿仍為右實左虛（圖54）。

動作二：腰繼續向左轉，同時左手豎掌上托，右手變捶從腰際擊至左肘下，左腿提起，以足尖點地，面向東北方，目視前方（圖55）。

【要領】左手上托時要注意鬆肩沉肘，身體左轉時右

圖54

圖55

腰眼要將左腰眼托起，同時鬆腹，上下要協調一致，身體不可前俯後仰。

第二十式　倒攆猴一

動作一：左足向左後方退步，以足趾點地，以右足跟為軸，足尖裡扣，腰向左轉，左腿向西北方邁步，以足跟著地，足趾上翹，兩腿為右實左虛；同時左手內合隨腰轉動落至胸前，右手變掌內合向後上畫弧，提至右耳齊，面向西北方（圖56）。

動作二：右足跟蹬地，左足掌落平，前弓左腿，身體前移；同時左手外旋隨身轉動，右手豎掌外旋向前推出，目視前方（圖57）。

動作三：右足向前跟步，至左足右後方，以足尖點地，兩腿為左實右虛，同時兩手內合（圖58）。

圖56

圖56 附圖

圖57

圖57　附圖

【要領】兩手運動要與身
體左轉協調進行，胸臂之
間須有圓活之趣，身體須保
持穩定。

第二十一式
倒攆猴二

圖58

動作一：右足向左後方
移半步，以足尖點地，以左
足跟為軸，足尖裡扣，腰向
右轉，面向正東；同時右手
隨腰向右後方掤化，左手向
上畫弧，內合至左耳齊（圖59）。

圖59

圖60

動作二：左足繼續裡扣，腰向右轉，轉至面向西南，右足向西南方邁步，以足跟著地，足趾上翹，兩腿為左實右虛；同時右手內合隨腰轉向右方掤化，左手豎掌內合至左耳旁，目視前方（圖60）。

動作三：左足跟蹬地，右足掌落平，前弓右腿；同時右手外旋向右掤化至右腹前，左手豎掌外旋從胸前推出，面向西南，目視前方（圖61）。

圖61

圖62　　　　　　　圖63

動作四：左足向前跟步，至右足左後方，以足尖點地，兩腿為右實左虛，同時兩手內合，目視前方（圖62）。

【要領】與第二十式倒攆猴相同。

第二十二式　倒攆猴三

動作一：左腿向右後方撤步，以足尖點地，以右足跟為軸，足尖裡扣，身體左轉至面向正北；同時左手隨身轉向下前掤帶，右手內合弧形向上至右耳旁，目視左手前方（圖63）。

動作二至動作四與第二十式圖56～圖58相同，要領也相同（圖64～66）。

圖64　　　　　　　　　圖64 附圖

圖65　　　　　　　　　圖65 附圖

圖66

第二十三式 倒攆猴四

動作與第二十一式相同，要領也相同（圖67～圖70）。

圖67

圖68

圖69

圖70

第二十四式
手揮琵琶式

動作：左腿向後退半步坐實，右腿後移，以足尖點地，兩腿為左實右虛；同時左手向右攏至腹前，右手向前上弧形下按，與肩平，面向西南（圖71）。

【要領】與第八式手揮琵琶式相同，惟方向不同。

圖71

第二十五式　白鵝亮翅

動作、要領均與第六式白鵝亮翅相同（圖72～圖74）。

圖72　　　　　　　　圖73

圖74

第二十六式　左摟膝拗步

動作、要領均與第七式摟膝拗步相同（圖75～圖78）。

圖75

圖76

圖77

圖78

第二十七式　手揮琵琶式

動作、要領均與第八式手揮琵琶相同（圖79）。

第二十八式　按　式

動作一：右手畫弧外旋至右腰外側，左手向右畫弧攔接，兩腿仍為右實左虛（圖80）。

動作二：左手外旋下落弧形向外，隨後右腿下蹲，身體微向前俯，右手外旋隨身體下蹲而下按至兩膝前下方，手心偏向下，手指向前，目視前方（圖81）。

【要領】兩手要有順著對方來勁引近身前之意，兩腿須順勢下蹲，身體前俯但不可前衝，右腿須精神貫注，胸背須鬆沉，目視前下方。

圖79　　　　　　圖80

第二十九式　青龍出水

動作一：右手從下向上掤起至右額前側，左手提至胸前；同時左腿向前邁步，以足尖著地，兩腿仍為右實左虛，目視前方（圖82）。

動作二：右足跟蹬地，左腿前邁，左足掌落平，前弓左腿；同時右手外旋向前額上方掤起，左手外旋向前推出，至與左足上下相齊，目視正東前方（圖83）。

圖81

圖82

圖83

【要領】身體直起時須保持各條身法，左手前推要有沉著之意，右手要有上升之意，右肩要往下鬆沉，周身上下要協調相隨。

第三十式　三通背一

動作一：以左足跟為軸，左足尖向裡扣135°，右足隨身右轉外擺，轉至面向西方，左腿為實，右腿為虛；同時左手畫弧至頭左上側，右手畫弧至額前，目視前方（圖84）。

動作二：左足跟蹬地，左足掌落平，前弓右腿；同時兩手外旋前推，目視前方（圖85）。

動作三：以右足跟為軸，足尖向外微擺，腰向右轉，兩手同時內合向下按攞至腹前，左足跟步至右足左後方，

圖84

圖85

圖86　　　　　　　　圖87

以足尖點地，兩腿為右實左虛，目視前方（圖86）。

【要領】轉身時身體要保持穩定，兩手與身體的動作要協調進行，同時要注意折疊轉換。

第三十一式　三通背二

動作一：左腿向西南方邁步，以足跟著地，足趾上翹；兩手同時向前掤擠，左手高不過眼，遠不過前足尖，右手在胸前與左肘平，目視前方左手（圖87）。

動作二：右足跟蹬地，左足掌落平，前弓左腿；同時兩手外旋前推，目視西南前方（圖88）。

動作三：以左足跟為軸，足尖向外擺，腰向左轉，兩手同時向下後方按攦至左腹前，右腿跟步至左足右後方，以足尖點地，兩腿為左實右虛，目視前方（圖89）。

圖88　　　　　　　圖89

【要領】右腿要有支配左腿向前邁步之意，著地要有如履薄冰之感，兩手不可妄動，其他要領與第二式懶紮衣相同。

第三十二式
三通背三

動作一：右腿向西北方邁步，以足跟著地，足趾上翹；兩手同時內合向前上方掤擠，右手高不過眼，遠不過前足尖，左手在胸前與右肘平，目視前方右手（圖90）。

圖90

圖91　　　　　　　　　圖92

動作二：左足跟蹬地，右足掌落平，前弓右腿，同時兩手豎掌外旋前推，目視前方（圖91）。

動作三：左足前跟至右足左後方，以足尖點地，兩腿為右實左虛，同時兩手內合，目視前方（圖92）。

【要領】與第三十一式三通背相同。

第三十三式
單　鞭

動作、要領均與第四式單鞭相同（圖93～圖95）。

圖93

圖94　　　　　　　　圖95

第三十四式　雲手一

動作一：右腿後坐，身體後移，左足隨身動收至右足旁，以足尖點地，兩腿為右實左虛；同時左手向下畫弧落至左胯旁，右手向上畫弧至頭右上側，面向東南（圖96）。

動作二：左足向左邁步，以足跟著地，足趾上翹；同時左手內合向右經胸前畫弧向上，至頭左方，手心向內，右手向下畫弧至右胯旁，目視左手（圖97）。

動作三：右足跟蹬地，左足掌落平，前弓左腿；同時左手轉腕豎掌手心向外向左前推出，右手至腹前，手心向斜下方，面向東南（圖98）。

動作四：以左足跟為軸，足尖向裡扣，腰向右轉，身

體轉至面向西南，右腿後撤，以足跟著地，足趾上翹，兩腿為左實右虛；同時左手內合向下畫弧至左胯旁，右手向上經胸前至前右方，手心向內，目視右手（圖99）。

圖96

圖97

圖98

圖99

動作五：左足跟蹬地，拔腰，右足掌落實，前弓右腿；右手轉腕外旋坐腕前推，左手至腹前右側，面向西南，目視前方右手（圖100）。

【要領】後退前右腿要精神貫注，並要做到豎尾，提頂吊襠，含胸拔背，鬆腹等身法要求，兩手要協調配合，上下須協調一致。

第三十五式　雲手二

動作一：以右足跟為軸，足尖裡扣，腰向左轉，至面向正南；同時左手向上畫弧，至胸前內合，右手弧形向下，目視左手前方（圖101）。

動作二至五：與第三十四式雲手動作二至五相同，要領也相同（圖102～圖105）。

圖100　　　　　　　　　　圖101

圖102

圖103

圖104

圖105

第三十六式　雲手三

動作、要領均與第三十五式雲手動作相同（圖106～圖110）。

圖106

圖107

圖108

圖109

第三十七式　單　鞭

動作、要領均與第四式單鞭相同（圖111～圖113）。

圖110　　　　　　　　圖111

圖112　　　　　　　　圖113

圖114　　　　　　　圖115

第三十八式
提手上式

動作、要領均與第五式提手上式相同（圖114、圖115）。

第三十九式
右高探馬

動作、要領均與第十八式高探馬相同（圖116～圖118）。

圖116

圖117　　　　　　　　　圖118

第四十式
左高探馬

動作一：以右足跟為軸，足尖裡扣，腰向左轉，身體面向東北，左腿向前邁步，足跟著地，足趾上翹；同時右手向上隨身左轉畫弧至右額前，左手向下畫弧至左腹前，目視前方（圖119）。

圖119

動作二：右足跟蹬地，左足掌落平，向前弓左腿；同時右手豎掌外旋向前推出，與前足齊，左手向前內合掤托至右手下，手心向上，面向東北，目視前方（圖120）。

【要領】與第十八式高探馬相同。

第四十一式　右起腳

動作一：以左足跟為軸，足尖裡扣，身體右轉面向正東，右足前跟，以足尖點地，兩腿為左實右虛；同時左手向外上畫弧至左額前，右手向下向內畫弧至右胯前，目視前方（圖121）。

動作二：兩手內合在胸前交叉，右手在外，左手在內，手心向裡，同時右膝上提與右胯平（圖122）。

動作三：右足向前右上方踢起，同時兩手外旋分開，

圖120　　　　　　　　圖121

圖122　　　　　　　圖123

左右分劈，目視東南方（圖123）。

第四十二式　左起腳

動作一：右腿下落向右前方邁步前弓，面向正東；同時兩手向左、向下、向右畫弧下按至腹前，目視前方（圖124）。

動作二：右足尖微向裡扣，左腿前跟至右足左後方，以足尖點地；同時右手向外、向上、向內畫弧內合至胸前，左手向下、向內畫

圖124

弧內合至腹前，面向正東，目視前方（圖125）。

　　動作三：左膝上提與左胯平；同時兩手交叉上抬至胸前，左手在外，右手在內，手心向裡，目視前方（圖126）。

　　動作四：左足向前左上方踢起；同時兩手外旋分開向左右畫弧分劈，目視東北前方（圖127）。

　　【要領】與右起腳相同，惟方向角度不同。

圖125

圖126

圖127

第四十三式 轉身蹬一腳

動作一：左腿下落至右足左後方，足尖點地，右足尖裡扣，腰向左轉，至面向正西；同時兩手內合至腹前，目視前方（圖128）。

動作二：左膝上提與左胯平，兩手內合交叉於胸前，左手在外，右手在內，手心向裡，目視前方（圖129）。

動作三：左足跟用力前蹬；同時，兩手外旋分開向左右畫弧分劈，目視正西前方（圖130）。

圖128

圖129 圖130

【要領】身體轉動時，同時要右腰眼托起左腰眼，蹬腳時右腿須支配左腿的運動，上下要協調一致，身法保持不變。

第四十四式　踐步栽捶

動作一：左足下落向身前邁步落實，右足前進一步占左足位置，左足同時向前邁步，兩腿為右實左虛；右手向下畫弧至右腹前，左手向前攔接，目視前方（圖131）。

動作二：右足用力蹬地，身體前移，左腿前送，落地前弓，右足向前跟半步，以足尖點地；同時上身前俯趁勢下蹲，右手變捶向後畫弧經頭右側向前下方栽擊，拳心朝裡，左掌經左胯旁按於左小腿外側（圖132）。

【要領】兩手的動作要協調，栽拳時腹背要放鬆，使

圖131　　　　　　　圖132

氣貼背下沉，身體前俯而不可前衝，在整式過程中，須連貫一致，上下相隨，動作不可停頓。

第四十五式　翻身二起

動作一：身體直起，以左足跟為軸，左足尖裡扣135°，身體向右後轉動至面向正東，右足以足跟著地，隨身轉至足尖朝正東方；同時右拳隨轉身上舉至面前變掌，左手也隨右手向上畫弧至頭左上方，面對正東方（圖133）。

動作二：右足尖稍外擺後踏平，前弓右腿，左腿上前一步落實，右足變虛；同時右手向下後畫弧，向前攔擋，左手向前下畫弧至左胯前，目視正東前方（圖134）。

動作三：左足蹬地，右腿起跳向前上方踢起；右手同

圖133　　　　　　　圖134

圖135　　　　　　　　圖136

時向前拍打右足面，左手下落向後向上畫弧至頭左上方，目視前方（圖135）。

【要領】身體直起時，左腿仍須精神貫注，身體向後轉時，身、手、步要協調相隨，左足提起前，須換勁豎尾，提起時，身體不可前俯後仰，要保持中正，踢腳時，右足背要有繃勁，身法須保持不變。

第四十六式　跌步披身

動作一：右足下落至左足位置站穩，左腿急於跳起，提起左足；同時兩手至頭前方，手心向前，指尖朝上，面向正東（圖136）。

動作二：左足向左後方跌步後坐，身體隨之後移，兩腿為左實右虛；同時兩手向下、向後攦按至小腹前，目視

圖137　　　　　　　　圖138

前方（圖137）。

　　動作三：左足跟蹬地，右腿前弓，身體前移；同時兩手向下、向上、向前畫弧豎掌外旋掤推，兩手高與肩平，目視前方（圖138）。

　　【要領】退步時，須注重虛實腿的轉換，兩手向下，向後要有攦意，向前要有掤意，並與身體運動協調相隨，後退時向前之意不可丟。

第四十七式　伏虎式

　　動作一：身體後移，重心坐于左腿，右足向後撤步，以足尖點地；同時，兩手向左後方攦帶，右手在前，左手在後，目視兩手前方（圖139）。

　　動作二：腰向右微轉，右足向右後撤步坐實，左腿變

圖139　　　　　　　　圖140

虛，至面向東北；同時，右手變拳從後下弧形向上至額前
前擊，左手變拳向右後攦帶，目視東北前方（圖140）。

【要領】退步時向前之意不可丟，注意身體的折疊轉
換，兩手要協調相隨。

第四十八式　踢一腳

動作一：左膝上提與左胯平，足尖自然下垂；同時兩
手內合交叉於胸前，左手在外，右手在內，掌心向內，目
視正東前方（圖141）。

動作二：左足向前上方踢出，兩掌同時外旋畫弧向左
右分劈，兩手高與肩平，目視前方（圖142）。

【要領】兩手外分，周身要有鬆沉之意，踢腳時，左

圖141　　　　　　　　圖142

足背要有繃勁，身體不可前俯後仰，身法保持不變。

第四十九式　轉身蹬腳

動作一：左足下落至右足前右方，足尖點地；同時左手畫弧向上至頭前上方，右手畫弧至身右後方。面向西南方（圖143）。

動作二：兩足尖同時右轉約270°，面向東北方，左足踏平坐實，兩腿為左實右虛，右膝上提，與右胯平，足尖朝前；兩手交叉合

圖143

圖144　　　　　　　　　　圖145

與胸前，左手在內，右手在外（圖144）。

動作三：右足跟前蹬，兩手同時外旋向左右畫弧分開，面向正東，目視前方（圖145）。

【要領】右腿上提要與兩手的收合協調進行，蹬腳時，身體仍須保持中正，要做好提頂、吊襠、氣沉丹田、鬆肩、沉肘等身法。

第五十式　　上步搬攔捶

動作一：右腿下落至前右方，以足跟著地；同時右手向下畫弧變捶向右後搬帶，左手向前推攔（圖146）。

動作二：右腿前弓，左腿向前邁步，身體前移；同時右手捶帶至腰際，左手向前攔擋，面向正東，目視前方（圖147）。

圖146　　　　　　　　圖147

　　動作三：右足跟蹬地，左腿前弓；同時左手向右下攔帶，右手捶從腰際向前平擊，至左手腕上，面向正東，目視前方（圖148）。

　　動作四：右足前跟至左足右後方，以足尖點地，全身有內合之意，目視前方（圖149）。

　　【要領】右腿落地精神貫注後，左足才可上步，要以腰胸帶動兩手的運動，上下相隨，內外相合。

圖148

圖149

圖150

圖151

圖152

第五十一式　如封似閉

動作、要領均與第十二式如封似閉相同（圖150～圖152）。

第五十二式　抱虎推山

　　動作、要領均與第十三式抱虎推山相同（圖153～圖156）。

圖153

圖154

圖155

圖156

第五十三式
手揮琵琶式

動作、要領均與第十四式手揮琵琶式相同,惟方向、角度略異,本式是面向西北方(圖157)。

圖157

第五十四式 斜懶紮衣

動作要領均與第十五式懶紮衣相同,惟方向、角度不同,本式面向西北方(圖158~圖160)。

圖158

圖159

圖160

圖161

圖162

圖163

第五十五式　斜單鞭

　　本式是面向西南方，動作、要領均與第四式一至三相同，惟方向、角度不同（圖161～圖163）。

第五十六式　野馬分鬃一

動作一：以左足跟為軸，左足尖向裡扣，腰微向右轉，面向正西，右腿收至左足內斜前方，以足尖點地；同時兩手內合，左手至頭上側，右手下落至腹前，手心向左胯處，目視前方（圖164）。

動作二：右腿向西北方邁步，以足跟著地，足趾上翹，兩腿為左實右虛；兩手同時內合至胸前，左手在上，右手在下，手心相對（圖165）。

動作三：左足跟蹬地，右足掌落平，前弓右腿；同時右手向右側前上方撩起，略高於肩，左手向左下攦帶至左胯前，目視前方（圖166）。

【要領】上步時，身體要穩定，兩手運動要有圓活之

圖164

圖165

圖166

圖167

趣，身體上下要協調相隨，保持身法不變。

第五十七式
野馬分鬃二

動作一：左足前跟至右足左側，以足尖點地，兩腿為右實左虛；同時，兩手合於胸前，右手在上，左手在下，兩手心相對（圖167）。

圖168

動作二：左腿向西南方邁步，以足跟著地，足趾上翹，兩手內合如抱球狀，目視前方（圖168）。

圖169　　　　　　　　圖170

　　動作三：右足跟蹬地，左足掌落平，前弓左腿，身體前移；同時左手向左前上方撩起，略高與肩，右手向右下畫弧攘至右胯前，面向正西（圖169）。

　　【要領】與第五十六式相同，惟方向不同。

第五十八式　野馬分鬃三

　　動作一：腰微向左轉，右足前跟至左足右側，以足尖點地，兩腿為左實右虛；同時，兩手合於胸前，左手在上，右手在下，兩手心相對（圖170）。

　　動作二、三及要領均與第五十六式動作二、三及要領相同（圖171、圖172）。

　　動作四：左足向前跟步，以足尖點地，同時兩手內合，目視正西前方（圖173）。

圖171　　　　　　　　圖172

圖173　　　　　　　　圖174

第五十九式　手揮琵琶式

動作、要領均與第十四式手揮琵琶式相同（圖174）。

第六十式　懶紮衣

　　動作、要領均與第十五式懶紮衣相同（圖175～圖 177）。

圖175　　　　　　　　圖176

圖177

第六十一式 單 鞭

動作、要領均與第四式單鞭相同（圖178～圖180）。

圖178

圖179

圖180

圖181

第六十二式
玉女穿梭一

動作一：以左足跟為軸，足尖向裡扣，腰向右轉，面向西南；同時右足外擺前弓，右手外旋上掤，左手向下內畫弧至左胯前（圖181）。

動作二：左腿前跟至右足左後方，繼續向西南方前邁，以足跟著地，足趾上翹；同時左手畫弧上掤至胸前，右手畫弧下行至左手內側，目視前方（圖182）。

圖182

圖183

　　動作三：右足跟蹬地，左足掌落平，前弓左腿；同時左手向上掤起至額上前方，右手豎掌從胸前推出至左手上下相齊，面向西南（圖183）。

　　動作四：右足向前跟步，至左足右後方，以足尖點地，兩腿為左實右虛；同時兩手內合，目視前方（圖184）。

　　【要領】注意步法的虛實變化和身體的折疊轉換，兩手運動要與胸部相繫相吸，不可離得太遠，要注意鬆肩、沉肘，運動過程須連貫協調，身法不可散亂。

第六十三式　玉女穿梭二

　　動作一：右足向左足左後方撤步，以左足跟為軸，足尖向裡扣180°，腰向右轉至面向東南；同時兩手內合，隨身轉，右手向上掤至胸前，左手向下至胸前，在右手內側，目視前方（圖185）。

圖184　　　　　　　　圖185

圖186

動作二：右腿向東南方邁步，以足跟著地，足趾上翹；同時兩手內合，右手向上掤至額前，左手內合至胸前，目視前方（圖186）。

動作三：左足跟蹬地，右足掌落平，前弓右腿，身體前移；同時右手外旋向上掤至額上前方，左手豎掌外旋向前推出，與右手上下相齊（圖187）。

動作四：左足向前跟

圖187

圖188

步,至右足左後方,以足尖點地,兩腿為右實左虛;同時兩手內合,面向東南(圖188)。

【要領】與六十二式玉女穿梭相同,惟方向不同。

第六十四式　玉女穿梭三

動作一:以右足跟為軸,足尖裡扣,腰向左轉,身體轉至面向東北,左腿向前邁步,以足跟著地,足趾上翹;同時右手下落至胸前,左手向上掤至額前,目視前方(圖189)。

動作二:右足跟蹬地,身體前移,左足落平,左腿前弓;同時左手外旋上掤至額前上方,右手豎掌外旋前推與左手上下相齊,目視前方(圖190)。

圖189　　　　　　　圖190

動作三：右足向前跟步，至左足右後方，以足尖點地，兩腿為左實右虛；同時兩手內合面向東北方（圖191）。

【要領】與第六十二式玉女穿梭相同。

圖191

第六十五式　玉女穿梭四

動作一：右足向左足後撤步，以左足跟為軸，足尖裡扣180°，腰向右轉至面向西北；同時兩手內合，右手隨身轉動掤至胸前，左手向下至胸前，在右手內側，目視前方（圖192）。

動作二：右腿向前邁步，以足跟著地，足趾上翹；右手向上掤至額前，左手內合下落至胸前，目視前方（圖193）。

動作三：左足跟蹬地，右足掌落平，前弓右腿；同時右手外旋向上掤至額上前方，左手豎掌外旋從胸前推出至與右手上下相齊，面向西北前方（圖194）。

動作四：左足向前跟步，至右足後左側，以足尖點地，

圖192

圖193

圖194

圖195

兩腿為右實左虛；同時兩手內合，目視前方（圖195）。

【要領】與第六十二式玉女穿梭相同，惟方向不同。

第六十六式 手揮琵琶式

動作、要領均與第十四式手揮琵琶相同（圖196）。

第六十七式 懶紮衣

動作、要領均與第十五式懶紮衣相同（圖197～圖199）。

圖196

圖197

圖198

第六十八式　單　鞭

動作、要領均與第四式單鞭相同（圖200～圖202）。

圖199

圖200

圖201

圖202

第六十九式 雲手一

動作、要領均與第三十四式雲手相同（圖203～圖207）。

圖203

圖204

圖205

圖206

第七十式　雲手二

動作、要領均與第三十五式雲手相同（圖208～圖212）。

圖207

圖208

圖209

圖210

圖211   圖212

第七十一式
雲手三

動作、要領均與第三十六式雲手相同（圖213～圖217）。

圖213

圖214

圖215

圖216

圖217

圖218

第七十二式
單　鞭

　動作、要領均與第四式單鞭相同（圖218～圖220）。

圖219

圖220

第七十三式　下　勢

動作：右腿後坐，身體後移，兩腿變為右實左虛，右腿下蹲，左足尖不得上翹；同時兩臂下落，手心向下左右分開，目視前方（圖221）。

圖221

【要領】下蹲時，膝尖與足尖的方向要一致，不可前俯，不可低頭，臀部勿突出，要鬆胯豎腰。

第七十四式　更雞獨立一

動作一：右足跟蹬地，左足尖外擺，左腿前弓，身體前移；同時左手向上托至肩平，右手向下畫弧至右胯前，面向正東（圖222）。

動作二：右腿向前跟步並上提至膝與胯平，左腿坐實要精神貫注；同時右手向上豎掌至面前，手

圖222

心向左，指尖向上，左手下按至左胯旁，手心向下，指尖向前，目視前方（圖223）。

第七十五式　更雞獨立二

動作：右腿下落踏平並坐實，左腿變虛提起，至膝與胯平，兩腿為右實左虛；同時右手下落按至右胯旁，左手向上豎掌至面前，手心向右，指尖向上，目視前方（圖224）。

【要領】實腿要做到精神貫注、腹鬆、豎尾，虛腿方可提起，提腿時足面要有繃勁，兩手運動與兩腿上下要協調相隨，身體不可偏倚，要支撐八面。

圖223　　　　　　　圖224

第七十六式　倒攆猴一

動作、要領均與第二十式倒攆猴相同（圖225～圖227）。

圖225

附圖225

圖226

附圖226

第七十七式　倒攆猴二

動作、要領均與第二十一式倒攆猴相同（圖 228～圖231）。

圖227

圖228

圖229

圖230

第七十八式　倒攆猴三

動作、要領均與第二十二式倒攆猴相同（圖232～圖235）。

圖231

圖232

圖233

附圖233

圖234　　　　　　　附圖234

圖235

第七十九式　倒攆猴四

　　動作、要領均與第二十三式倒攆猴相同（圖236～圖239）。

圖236

圖237

圖238

圖239

圖240

第八十式
手揮琵琶式

動作、要領均與第二十四式手揮琵琶式相同（圖240）。

第八十一式
白鵝亮翅

動作、要領均與第六式白鵝亮翅相同（圖241～圖243）。

圖241

圖242

第八十二式　左摟膝拗步

　　動作、要領均與第七式左摟膝拗步相同（圖 244 ～圖 247）。

圖243

圖244

圖245

圖246

圖247　　　　　　　　圖248

第八十三式　手揮琵琶式

動作、要領均與第八式手揮琵琶式相同（圖248）。

第八十四式　按　式

動作、要領均與第二十八式按式相同（圖249、圖250）。

第八十五式　青龍出水

動作、要領均與第二十九式青龍出水相同（圖251、圖252）。

圖249

圖250

圖251

圖252

第八十六式　三通背一

動作、要領均與第三十式三通背相同（圖 253～圖 255）。

圖253

圖254

圖255

第八十七式 三通背二

動作、要領均與第三十一式相同（圖256～圖258）。

圖256

圖257

圖258

第八十八式　三通背三

動作、要領均與第三十二式三通背相同（圖259～圖261）。

圖259

圖260

圖261

第八十九式　單　鞭

動作、要領均與第四式單鞭相同（圖262～圖264）。

圖262

圖263　　　　　　　圖264

第九十式 雲手一

動作、要領均與第三十四式雲手相同（圖265～圖269）。

圖265　　　　　　　圖266

圖267　　　　　　　圖268

圖269　　　　　　　　圖270

圖271　　　　　　　　圖272

第九十一式　雲手二

動作、要領均與第三十五式雲手相同（圖270～圖
274）。

圖273

圖274

第九十二式
雲手三

動作、要領均與第
三十六式雲手相同（圖
275～圖279）。

圖275

圖276

圖277

圖278

圖279

第九十三式
單　鞭

動作、要領均與第四式單鞭相同（圖280～圖282）。

圖280

圖281

圖282

第九十四式　提手上式

動作、要領均與第五式提手上式相同（圖283、圖284）。

圖283

圖284

第九十五式
高探馬

動作、要領均與第十八式高探馬相同（圖285～圖287）。

圖285

圖286　　　　　　　　圖287

第九十六式　對心掌

　　動作一：以右足跟為軸，足尖裡扣，腰向左轉，轉至身體面向正東，左腿以足尖著地；同時左手隨身轉，內合至面前，手心向內，右手內合至胸右側，目視前方（圖288）。

　　動作二：右足跟蹬地，左足向前邁步落平，前弓左腿；同時左手臂外旋向上掤起至額上前方，手心向外，右手豎掌外旋從胸前推出，

圖288

圖289　　　　　　　　圖290

目視前方（圖289）。

　　動作三：右腿向前跟步，至左足右後方，以足尖點地，兩腿為左實右虛；兩手同時有內合之意，面向正東（圖290）。

　　【要領】左足邁步後，兩手運動要有引蓄之意，同時應注意鬆肩沉肘，蓄而後發，右足跟蹬地和右手前推時，上下須貫穿一氣。

第九十七式　十字腳

　　動作一：以左足跟為軸，足尖裡扣，腰向右轉至面向西南，兩手內合交叉於胸前，右手在外，左手在內；同時右膝上提至與右胯齊平，足尖朝下，兩腿為左實右虛（圖291）。

圖291　　　　　　　　圖292

動作二：右足向前方蹬出；同時，兩手外旋向左右畫弧分開，目視正西前方（圖292）。

【要領】提腿時，實腿要精神貫注，蹬腿時身體不可前俯後仰，兩手分開須有沉著之意。

第九十八式　上步指襠捶

動作一：右腿下落前邁；同時兩手內合，左手至面前方，右手至右胯前，面向正西，目視前方（圖293）。

動作二：左腿向前邁出一步前弓；同時左手向下畫弧至左膝外，手心向下，指尖朝前，右手握拳由下向前擊出，面向正西，目視前方（圖294）。

動作三：右腿向前跟步至左足右後方，足尖點地，

兩腿為左實右虛，同時
兩手有內合之意（圖
295）。

【要領】注意步法
的虛實變換，兩腿須著
力，右拳擊出之勁須有
根源，上下要協調進
行。

圖293

圖294

圖295

第九十九式　上步懶紮衣

動作、要領均與第十五式懶紮衣相同（圖296～圖298）。

圖296　　　　　　　　圖297

圖298

第一百式
單　鞭

　　動作、要領均與第四式單鞭相同（圖299～圖301）。

圖299

圖300

圖301

第一百零一式　下　勢

動作、要領均
與第七十三式下勢
相同（圖302）。

圖302

第一百零二式　上步七星

動作一：右足跟蹬地，左腿前弓，身體前移；同時向前上攔擋，右手向下畫弧至右胯旁，目視正東前方（圖303）。

動作二：左腿向前弓步，重心移向左腿，右腿向前邁步至左足前右方，足尖點地，兩腿為左實右虛；同時右手握拳向上畫弧至胸前，左手握拳至右拳內交叉，目視前方（圖304）。

【要領】兩手的運動須與兩腿運動協調相隨，兩拳交叉後胸前須有擴展之意，身體不可前俯後仰。

圖303

圖304

第一百零三式
退步跨虎

動作：右腿向後退步坐實，左腿變虛後移，以足尖點地；同時兩手上下分開，右手外旋至頭右側上方，手心向外，左手外旋至左胯前側，手心向下，目視前方（圖305）。

圖305

【要領】右足後退落實後，右腿須精神貫注，並要做到腹鬆、豎尾，兩手要

與左足的收回協調相隨,身體不可上漲,要注重含胸、鬆肩、沉肘等身法。

第一百零四式　轉腳擺蓮

動作一:以右足跟和左足尖為軸同時向右轉180°,兩手內合收至面前,面向正西(圖306)。

動作二:左腿從後向前上步至右腿前左方,身體轉至面向東南,同時兩手隨身轉向外旋轉(圖307)。

動作三:左腿落實,右腿提起,由左向右擺打;兩手同時向上、向右、向左環繞拍打右足面(圖308)。

【要領】在身體轉動時,上下須一氣呵成,左腿穩當得力後,右腿才可提擺,兩手可拍擊右足面,也可不接觸右足面,要有迎拍之意,同時須上下協調相隨。

圖306　　　　　　　　圖307

圖308　　　　　圖309

第一百零五式
彎弓射虎

動作一：右腿向西南方落步前弓，面向東南；同時兩手向右下弧形攦帶，目視兩手前方（圖309）。

動作二：身體繼續向右轉，兩手隨身轉向右下攦帶至腹前，然後兩手變拳由下

圖310

向上至面前左右分開成拉弓狀，目視東南前方（圖310）。

【要領】兩手的運動要與胸部相繫相連，兩拳運動要有沉著之勢，整個運動須上下協調連貫，不可停頓。

第一百零六式　懶紮衣

動作、要領均與第二式懶紮衣相同（圖311～圖314）。

圖311

圖312

圖313

圖314

第一百零七式　退步雙抱捶

動作一：右腿後退一步坐實，同時右手從左手下向前、向上、向後收至左手內，目視前方（圖315）。

動作二：左腿後撤與後腿齊，兩手由掌變捶分開收於胸前兩側，目視前方（圖316）。

【要領】要注意步法的虛實轉換，做到勁由內換，身體不可前俯後仰。

圖315

圖316

第一百零八式　收　勢

動作一：兩手由捶變掌徐徐下按至兩胯處，指尖朝前，掌心向下，身體立起，面向正南，目視前方（圖317）。

動作二：兩手下落至身體兩側，指尖向下，手心向內；同時左足向右足靠齊，恢復起勢姿勢（圖318）。

【要領】兩手下按時胸部須放鬆下沉，身體立起，仍須保持各條身法。

圖317　　　　　　　圖318

附 錄 一

翟維傳履歷

翟維傳先生 1942 年 1 月 11 日，出生於河北省永年縣廣府鎮。

1953 年，經其祖父介紹從師於武式太極拳第四代傳人李遜之高足魏佩林先生學習傳統武式太極拳。

1955 年，與魏師一起到永年縣職工俱樂部教成年人練武式太極拳。

1956 年，在魏師家中有幸認識其師弟姚繼祖先生，並得到姚先生的指點。

1962 年，為了進一步學習太極拳，開始跟隨姚繼祖先生系統學習武式太極拳、械、推手等。

1967 年，開始寫練太極拳心得體會，並經常得到恩師的理論指導。如《太極拳七字要訣》及《太極陰陽之變化》等多篇論文就是在恩師的多次批改後完成的。

1982 年，與師兄弟四人舉行隆重拜師儀式，正式成為武式太極拳第四代傳人姚繼祖先生首批弟子。

1983 年，與師兄競成，師弟鳳鳴、振山合作創作《太

極拳頌》，當年在《武林》雜誌第 11 期刊載，在全國反
響強烈，來人來信求學者極多。這也是翟先生文字創作的
開始。

　　1984 年，陪同恩師姚繼祖參加在湖北武漢召開的「中
國武漢國際太極拳・劍表演觀摩會」，並和姚師表演了推
手。恩師作為武式太極拳代表人物被評為全國太極拳十三
名家之一。

　　1985 年，考取邯鄲地區太極拳拳師證書。

　　1986 年，在姚師指定下，任永年廣府文化站太極拳
小組組長，接待外來人員，組織表演活動、教學等。

　　1987 年，任邯鄲地區太極拳研究會理事。

　　1987 年，接見全日本太極拳協會訪華團，參加表演
活動。

　　1991 年 5 月，參加第一屆河北永年國際太極拳聯誼
會，任武式太極拳牽頭人，千人表演隊伍教練，參加各項
表演活動。論文《論陰陽變化》獲優秀獎並收入《太極名
家談真諦》一書中。

　　1993 年 5 月，參加第二屆河北永年國際太極拳聯
誼會，任千人表演隊伍教練，被大會評為「太極十二新
秀」。

　　1995 年 5 月，參加第三屆河北永年國際太極拳聯誼
會，獲傳人代表優秀獎。論文《太極五行虛實之變化》獲
優秀論文獎，收入《太極拳論文集》一書中。

　　1995 年 11 月，受中國武術管理中心，中國武術院邀

請，代表永年到北京體育大學參加《武式太極拳競賽套路》一書的編排工作，任編委。

1996 年元月，再次受邀到北京體育大學對《武式太極拳競賽套路》進行審訂。本書已出版，並在全國各地普及推廣該套路。

1996 年 5 月，參加接待以張肇平先生任團長的臺灣太極拳總會訪華團。我方進行了表演並與臺灣同胞相互切磋技藝，過後臺灣以《兩岸太極拳訪問交流紀實》一書對大陸太極拳做系統報導。

1996 年 8 月，應邀參加第四屆中國溫縣國際太極拳年會，任年會副秘書長，參加了名人表演。論文《太極五行虛實之變化》獲優秀獎，收入《溫縣太極拳論文專集》中。

1998 年 8 月，應邀參加第五屆中國溫縣國際太極拳年會，任年會副秘書長，參加名人表演並被大會評為「太極拳名師」。

1998 年，應《太極》雜誌社之邀，拍武式太極拳「摟膝拗步」式拳照，在《太極》雜誌第 4 期封面上登載。

1998 年 10 月，參加紀念鄧小平同志題詞「太極拳好」發表 20 周年——北京天安門廣場萬人太極拳表演活動，獲紀念獎及表演證書。

1998 年 10 月，參加第五屆河北永年國際太極拳聯誼會，獲武式太極拳比賽第一名，論文獲優秀獎，被大會評為「太極拳大師」。

1998 年 10 月底，應邀參加第三屆武當拳法研討會暨武當杯武術大賽，獲優秀獎證書及獎盃，並被武當拳法研究會聘為顧問。

1998 年 12 月，應邀參加中原內家拳法研究會成立暨「石人山杯」全國武術名家邀請賽，獲優秀獎盃及證書，被聘為中原內家拳法研究會顧問。

1999 年 2 月，由湖北弟子馬則中聯繫，應湖北省羅田縣體育局聘請到羅田縣授拳。

1999 年 4 月，應「大連武當拳法研究會」會長張奇的邀請，一起商討為振興武當的對策，並被大連武當拳法研究會聘為顧問。

1999 年 5 月，在任志需師弟提供方便的情況下，攜弟子到河北正定進行封閉式專業訓練三個多月。

1999 年 9 月，應邀參加河南省舉辦的「九九全國中老年太極拳邀請賽」，獲武式太極拳、劍比賽兩項一等獎。會議期間，結識廣東省江門市太極拳聯誼會會長吳澤明先生，被該會聘為顧問。

1999 年，事蹟被收入新華出版社出版的《中國民間武術家大典》辭書中。

1999 年 10 月，應中國武當拳國際聯誼會的邀請，作為特邀貴賓參加會議，並做名人表演，後到十堰市參加專場名家表演。《論太極拳內涵與修煉》獲優秀論文獎，被收入《武當拳法探微》一書中。

1999 年 11 月，其事蹟被收入《中華魂——中國百業

英才大典》辭書中。

2000 年元月，與弟子賈海清開辦永年縣南護駕武式太極拳武校，文武兼修，現有學生達 800 餘人。

2000 年 7 月，被山東荷澤中華武林名人碑園聘為名譽顧問。

2000 年 9 月，應邀參加大連武當拳法研究會舉辦的全國武術名家邀請賽，獲太極拳比賽銀牌獎。《談太極拳黏與走的關係》獲優秀論文獎，並被收入《武當武術論文集》一書中。

2000 年 10 月，應邀參加中國邯鄲太極拳聯誼大會，獲武式太極拳、劍比賽兩項金牌，並被北美洲武（郝）派太極拳總會聘為海外顧問。

2000 年 12 月，代表永年縣參加國家體育總局在江西上饒舉辦的第三屆武術之鄉武術大賽，獲傳統太極拳比賽二等獎。

2001 年 10 月，參加中國邯鄲國際太極拳交流大會，比賽中獲武式太級拳傳統套路、武式太極拳競賽套路和自選套路三項金牌。

2001 年 11 月，應邀參加中國珠海國際太極拳交流大會，被大會聘為特邀技術顧問，進行了名家表演及拳藝交流。《蓄勁如張弓，發勁似放箭》作為唯一一篇功法論文在大會會刊中刊載。

2002 年 4 月，應邀到四川省成都市授拳講學。

2002 年 6 月，經永年縣文體委批准，成立了永年縣

維傳武式太極拳研究會並擔任首任會長，會員百餘人。

2002 年 8 月，應邀組隊參加第二屆焦作國際太極拳交流大會，比賽成績顯著，獲集體最高獎——體育道德風尚獎。

2002 年 10 月，受邀組隊參加中國邯鄲永年太極拳交流大會，代表武式傳人在開幕式上進行名家表演，獲大會「貢獻杯」。隊員獲 4 金、4 銀、2 銅的好成績。

2003 年 3 月，受人民體育音像出版社和廣州俏佳人音像公司之邀，率弟子世宗、王濤、世奎、伯民到廣州拍攝《武氏太極拳系列 VCD 教學光碟》。

2003 年 7 月，《武氏太極拳系列 VCD 教學光碟》一套（11 碟），作為「中華武術展現工程」的組成部分，在海內外上市。

2003 年 9 月，應邀到遼寧省鐵嶺市授拳講學。

2003 年 10 月，創辦「中國永年太極網」（www.yn-taiji.com）。

2003 年 10 月，以武式太極拳母式「懶紮衣」式，被《武當》雜誌第 10 期作為封面登載。

2003 年 11 月，組隊參加在邯鄲舉辦的河北省太極拳展示大會，做名人表演。弟子獲 4 金、6 銀、3 銅的好成績。

2003 年 11 月 15 日，經邯鄲市體育局、民政局批准，成立了邯鄲市武式太極拳學會，擔任首任會長，會員達百餘人。

2004 年元月，《武式太極拳術》一書由山西科學技術出版社出版。

2004 年 2 月，應第二屆香港國際武術節組委會的邀請，組隊前往香港比賽，參加名人表演。隊員獲 8 金、2 銀的好成績。

2004 年 2 月，邯鄲市武式太極拳學會參加了在永年廣府舉辦的首屆永年縣廣府太極拳年會，並取得了優異成績。

2004 年 2 月底，應浙江溫州弟子邱永清的邀請，從香港借道溫州，在溫州進行了近 30 天的講學、傳拳授藝活動，受到溫州人民歡迎。

2004 年 4 月，永年縣維傳武式太極拳研究會 20 餘人代表永年縣組隊參加在唐山舉辦的河北省太極拳錦標賽，取得了競賽套路 1 金、1 銀，傳統套路第一名 4 人，第二名 5 人，第三名 5 人的優異成績，並獲大會「體育道德風尚獎」。

2004 年 4 月，永年縣太極拳協會成立，任協會副主席。

2004 年 5 月，受邀組隊赴石家莊市參加中日韓民間太極拳交流會暨廉讓堂太極拳研究會成立儀式，參加了名人表演，被研究會聘為顧問。隊員獲紀念獎盃。

2004 年 5 月，邯鄲市太極拳委員會成立，任委員會副主任。

2004 年 5 月 15 日，組隊參加永年縣太極拳、械比

賽。參加名人表演，隊員獲一等獎 4 人，二等獎 4 人，三等獎 3 人，集體獲表演二等獎，集體總分第三名。

2004 年 5 月 18 日，永年縣魏佩林武式太極拳功夫研究會成立，被聘為研究會顧問。

2004 年 6 月，應邀參加第三屆中華武術展現工程研討聯誼會暨展現工程宣傳推廣協作體成立大會，當選為大會常務理事。

2004 年 9 月，應邀到遼寧省大連市授拳講學。

2004 年 10 月 5 日，永年縣郝為真太極拳學術研究會成立，被聘為研究會顧問。

2004 年 11 月，在廣東講學期間，被廣東省江門市太極拳聯誼會聘為名譽會長。

2004 年 12 月，在廣東講學期間，被廣東省開平市太極拳聯誼會聘為顧問。

2005 年 2 月，應邀組隊參加第二屆永年廣府太極拳年會，參加名人表演，並被聘為廣府太極拳協會副主任，同時榮獲組織貢獻獎。

2005 年 3 月，應邀到江蘇省金壇市傳拳授藝。

2005 年 5 月 1 日，應陳式太極拳傳人張志俊先生的邀請，到河南鄭州參加張志俊先生六十大壽及收徒儀式，作為收徒見證師，見證此次活動。

2005 年 5 月，應邀參加在正定舉辦的河北省首屆武術文化交流大會，榮獲傳統武術表演優秀獎，並被推選為該會在邯鄲地區的負責人。

2005 年 5 月，被邯鄲市武術協會聘為邯鄲市武術協會榮譽主席。

2005 年 7 月 25 日，應楊式太極拳傳人楊振鐸先生之邀，作為武式太極拳代表到山西太原參加楊振鐸先生八十華誕，各派名家參加了祝壽表演活動，並共同研討太極拳的發展大計。

2005 年 8 月 1 日，應邀參加永年廣府太極武館成立及永年縣太極拳培訓基地成立大會，會上參加了名人表演，中央電視臺第二套節目進行了播放。

2005 年 8 月 7 日，應邀參加山東省煙臺市武術運動協會世秀太極苑成立大會，並被聘為世秀太極苑名譽主任。

2005 年 8 月 20 日，應中國武術協會邀請，參加第三屆中國焦作國際太極拳交流大賽，參加了名家講學及表演，獲中國武術協會頒發的表演證書，並作為武式太極拳傳人代表接受焦作電視臺的專訪。

2005 年 9 月，再次應太極拳愛好者的邀請到江蘇省金壇市授拳講學。

2005 年 10 月，內蒙古呼和浩特維傳武式太極拳研究會成立，受聘為該會名譽會長。

2005 年 10 月，再次應邀到浙江省溫州市授拳講學。

2005 年 10 月 26 日，應邀參加國家有關部門為永年縣命名「全國太極拳之鄉」「中國太極拳研究中心」掛牌儀式與表演活動。

　　2005 年 11 月 21 日，應馬來西亞陳式太極拳總會會長李文劍先生的邀請，到馬來西亞檳城、吉隆玻兩地講學授拳，很受馬來西亞人民的歡迎，該國《光明日報》及《星洲日報》以「武式太極拳引進大馬」和「翟維傳發揚武式太極拳」為題，進行了採訪報導。

　　2005 年 12 月 25 日，再次應廣東省江門市太極拳協會的邀請，到江門市授拳講學。

附 錄 二

武式太極拳傳承表（一）

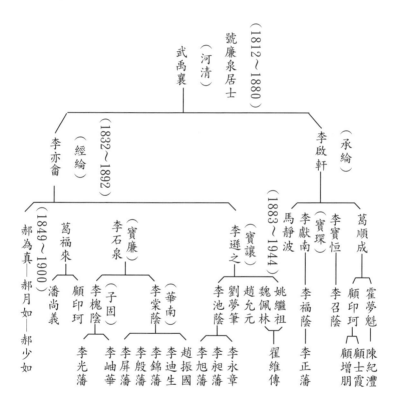

註：武式各代所傳弟子較多，無法統計，故另表只列第三代宗師
　郝為真、李遜之所傳系列。望諒解。

武式太極拳傳承表（二）

武式第三代郝為真宗師弟子及再傳弟子

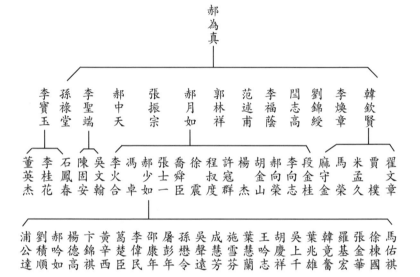

郝為真

李寶玉　孫祿堂　李聖端　郝中天　張振宗　郝月如　郭林祥　范述甫　李福蔭　閻志高　劉錦綬　李煥章　韓欽賢

董英杰　李桂花　石鳳春　陳固安　吳文翰　李火合　馮少卓　郝少如　張士一　喬舜震　徐度　程叔群　許寇杰　楊金山　胡向榮　郝金志　李向桂　段守金　麻守金　馬孟榮　米久　賈文樸　翟文章

浦公達　劉積順　郝吟如　楊德高　卞錦祺　黃楚西　葛臣　李偉民　邵康年　屠懋年　孫聲令　吳慧遠　成雪芳　施慧芬　葉慧蘭　王吟志　胡慶祥　吳上千　葉兆雄　韓竟奮　羅基宏　張金華　徐棟國　馬佑祺

註：武式第六代弟子甚多，本書只列郝少如先生弟子。望諒解。

武式太極拳傳承表（三）

武式第三代李遜之宗師弟子及再傳弟子

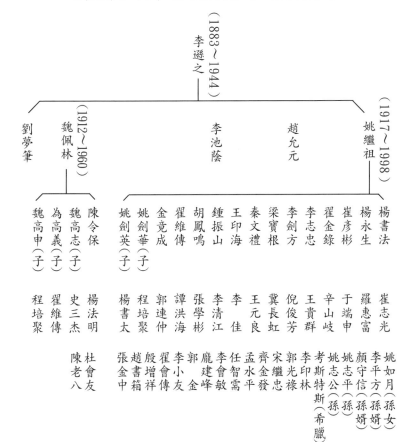

李遜之（1883～1944）

劉夢筆　　魏佩林（1912～1960）　　李池蔭　　趙允元　　姚繼祖（1917～1998）

魏佩林一系

陳令保　→　楊法明　→　杜會友、陳老八

魏高志（子）　→　史三杰

為高義（子）　→　翟維傳

魏高申（子）　→　程培聚

李池蔭、趙允元一系

姚劍英（子）　→　楊書太　→　張金中

姚劍華（子）　→　程培聚　→　趙金箱

金竟成　→　郭連仲　→　殷書祥

翟維傳　→　張學彬　→　翟會傳

胡鳳鳴　→　譚洪海　→　龐建金

鍾振山　→　李佳　→　李小友

王印海　→　李清　→　郭會友

秦文禮　→　王元良

梁寶根　→　冀長虹

李劍方　→　倪俊芳

李志忠　→　王貴群

翟金錄　→　辛山岐

崔彥彬　→　于端申

楊永生　→　羅惠富

姚繼祖一系

楊書法　→　崔志光　→　姚如月（孫女）

　　　　　　李平方（孫婿）

　　　　　　顏守信（孫婿）

　　　　　　姚志平（孫）

　　　　　　姚志公（孫）

　　　　　　李斯特斯（希臘）

　　　　　　考斯特斯（希臘）

　　　　　　李印祿

　　　　　　郭光忠

　　　　　　宋金發

　　　　　　齊水平

　　　　　　孟智敏

　　　　　　任會平

註：武式第五代弟子甚多，本書只載作者老師弟子。望諒解。

武式太極拳傳承表（四）

武式太極拳第五代傳人翟維傳弟子

翟維傳

李龍奎	白荷影	武錫恩	晏志永	王存良	岳江華	郁海	翟寶忠	翟世奎	王濤	王為方	馮志剛	賈海清	翟世宗（子）
吳延強	劉孔賢	羅照乾	張印波	李建新	李勝英	虞伯民	劉用新	宋現彬	馬則中	曹俊合	曹玉民	郝興華	郝國政
劉志學	吳國富	邱永清	秦世峰	李向東	申章喜	賈廣太	任亮	李翹	趙立克	王學文	范峻	胡開明	李軍
張雲春	徐立新	戴協平	王新峰	范紅恩	代金選	張建斌	李文峰	劉德兵	李玉慶	韓永剛	蘇威國	來雲山	王建冰
鐘澄海	鐘建強	梁建君	關慶龍	陽海濤	李冰	趙站波	趙小青	李健	陶江波	崔世榮	杜建州	吳澤明	梁橋
												孔祥剛	方禮綱

註：武式第六代弟子甚多，本書只載作者弟子。望諒解。

歡迎至本公司購買書籍

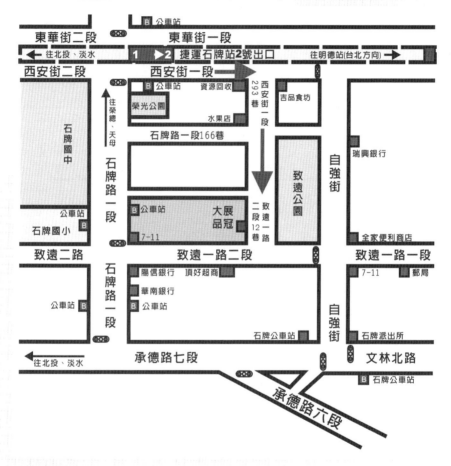

建議路線

1. 搭乘捷運、公車

　　淡水線石牌站下車，由石牌捷運站2號出口出站(出站後靠右邊)，沿著捷運高架往台北方向走(往明德站方向)，其街名為西安街，約走100公尺(勿超過紅綠燈)，由西安街一段293巷進來(巷口有一公車站牌，站名為自強街口)，本公司位於致遠公園對面。搭公車者請於石牌站(石牌派出所)下車，走進自強街，遇致遠路口左轉，右手邊第一條巷子即為本社位置。

2. 自行開車或騎車

　　由承德路接石牌路，看到陽信銀行右轉，此條即為致遠一路二段，在遇到自強街(紅綠燈)前的巷子(致遠公園)左轉，即可看到本公司招牌。

國家圖書館出版品預行編目資料

武式太極拳老架／翟維傳　著
——初版——臺北市，大展，2015〔民104.02〕
面；21公分——（武式太極拳；2）
ISBN 978-986-346-058-9　（平裝）
1.太極拳
528.972　　　　　　　　　　　103025315

武式太極拳老架

著　　者／翟　維　傳

責任編輯／楊　丙　德

發 行 人／蔡　森　明

出 版 者／大展出版社有限公司

社　　址／台北市北投區（石牌）致遠一路2段12巷1號

電　　話／(02) 28236031・28236033・28233123

傳　　真／(02) 28272069

郵政劃撥／01669551

網　　址／www.dah-jaan.com.tw

E-mail／service@dah-jaan.com.tw

登 記 證／局版臺業字第2171號

承 印 者／傳興印刷有限公司

裝　　訂／承安裝訂有限公司

排 版 者／千兵企業有限公司

授 權 者／山西科學技術出版社

初版1刷／2015年（民104年）2月

定　價／200元

大展好書　好書大展

品嘗好書　冠群可期